*Alguns poemas
traduzidos*

Manuel Bandeira

Alguns poemas traduzidos

JOSÉ OLYMPIO
EDITORA

© Condomínio dos proprietários dos direitos intelectuais de
Manuel Bandeira
Direitos cedidos por Solombra – Agência Literária
(solombra@solombra.org)

Reservam-se os direitos desta edição à
EDITORA JOSÉ OLYMPIO LTDA.
Rua Argentina, 171 – 1º andar – São Cristóvão
20921-380 – Rio de Janeiro, RJ – República Federativa do Brasil
Tel.: (21) 2585-2060 Fax: (21) 2585-2086
Printed in Brazil / Impresso no Brasil

Atendemos pelo Reembolso Postal

ISBN 978-85-03-00965-2

Capa: ISABELLA PERROTTA / HYBRIS DESIGN

CIP-Brasil. Catalogação-na-fonte
Sindicato Nacional dos Editores de Livros, RJ.

B166a
Bandeira, Manuel, 1886-1968
Alguns poemas traduzidos / Manuel Bandeira. – Rio de Janeiro: José Olympio, 2007.
(Sabor literário)

Conteúdo parcial: Traduzindo sentimentos / Leonardo Fróes
ISBN 978-85-03-00965-2

1. Bandeira, Manuel, 1886-1968. 2. Antologias (Poesia). 3. Poesia – Traduções para o português. I. Fróes, Leonardo, 1941- . Traduzindo sentimentos. II. Título. III. Série.

06-4536
CDD – 808.81
CDU – 82-1(082)

Este livro foi impresso nas oficinas da
DISTRIBUIDORA RECORD DE SERVIÇOS DE IMPRENSA S.A.
Rua Argentina, 171 – Rio de Janeiro, RJ
para a EDITORA JOSÉ OLYMPIO LTDA.
em fevereiro de 2007.
*
75º aniversário desta Casa de livros, fundada em 29.11.1931

SUMÁRIO

Apresentação: Traduzindo sentimentos	9
A Cristo crucificado AUTOR ESPANHOL NÃO IDENTIFICADO	25
Anelo GOETHE	26
A um pescador SALVADOR DÍAZ MIRÓN	28
Último instante MANUEL GUTIÉRREZ NÁJERA	29
Noturno JOSÉ ASUNCIÓN SILVA	30
Paz DIRK RAFAELSZ CAMPHUYSEN	33

Oração
SÃO FRANCISCO DE ASSIS   34

Um poema
HEINE   35

Torso arcaico de Apolo
RILKE   36

Calefrio aquerôntico
LILIENCRON   37

Balada da linda menina do Brasil
RUBÉN DARÍO   38

O fatal
RUBÉN DARÍO   40

Toada de negros em Cuba
GARCÍA LORCA   41

Balada da pracinha
GARCÍA LORCA   43

Um poema de Natal
VÍCTOR LONDOÑO   47

Redondilhas
JUANA INÉS DE LA CRUZ   48

Acalanto para Deus menino
JUANA INÉS DE LA CRUZ   54

Quatro haicais
BASHÔ   55

Pôr de sol
HÖLDERLIN   56

O aplauso dos homens
HÖLDERLIN   57

As parcas
HÖLDERLIN   58

Fantasia do crepúsculo
HÖLDERLIN   59

Outrora e hoje
HÖLDERLIN   61

Canto do destino de Hiperíon
HÖLDERLIN   62

Metade da vida
HÖLDERLIN   64

Maduras estão
HÖLDERLIN   65

Lembrança
HÖLDERLIN   66

Quatro sonetos
ELIZABETH BARRETT BROWNING   69

Canção
CHRISTINA ROSSETTI   73

Remember
CHRISTINA ROSSETTI   74

À porta de Deus
EMILY DICKINSON   75

Beleza e verdade
EMILY DICKINSON   76

Nunca vi um campo de urzes
EMILY DICKINSON   77

Cemitério
EMILY DICKINSON   78

Minha vida acabou duas vezes
EMILY DICKINSON   79

Epílogo
BAUDELAIRE   80

Presságio
ADELAIDE CRAPSEY   81

Tríade
ADELAIDE CRAPSEY   81

Três poemas
VERLAINE   82

APRESENTAÇÃO

TRADUZINDO SENTIMENTOS

Para um poeta totalmente dedicado à poesia, como foi Manuel Bandeira, a leitura é por certo experiência tão forte e significativa quanto um acontecimento qualquer do dia-a-dia. É leitura vivida, a dos poetas, e é inevitável que seja leitura crítica, sendo eles quem são — grandes especialistas em ler. Para Bandeira, em particular, leitura é matéria-prima: com fragmentos de outros poetas ele pôde criar um poema seu, como disse ter feito na "Balada das três mulheres do sabonete Araxá", assim como, usando técnicas afins às das colagens com palavras, tirou poemas de notícias de jornal, ou então desentranhou-os de alheios trechos em prosa.

Já há aqui, nessas transposições, nesses jogos de equivalências e de montagens verbais, algo bem ponderável do que é traduzir. E traduzir poemas, para um poeta tão inclinado às construções compósitas, é decorrência natural do envolvimento que a leitura estipula. O poeta traduz, tocado ao ler, para se apropriar do que traz, naquele instante, alguma nota de conhecimento afetivo a seu próprio respeito. E o que está dito em outra língua — em outro ritmo — de repente lhe soa, malgrado toda a distância e as diferenças culturais, como coisa que já foi vivenciada por ele, coisa bem sua e íntima. No *Itinerário de Pasárgada*, onde narrou o método de construção empregado na "Balada das três mulheres", Bandeira escreveu também: "Só traduzo bem os poemas que gostaria de ter feito, isto é, os que exprimem coisas que já estavam em mim, mas informuladas".

No mesmo livro, há outras duas afirmações de Bandeira que são bastante oportunas para situá-lo como tradutor de poesia. Na tradição literária, uma delas, por sinal, é opinião das mais correntes. Ao comentar os poemas que escreveu em francês — "Esses versos me saíram em francês sem que eu saiba explicar por quê" — e o fracasso em que se viu quando tentou passá-los para o português, diz ele ter sido confirmado "na idéia de que poesia é mesmo coisa intraduzível". Bem antes disso, porém, ao falar das influências literárias, "incontáveis", que recebeu em sua formação, Bandeira diz no *Itinerário*: "Mais do que a obra em conjunto de um grande poeta, me impressionou duradouramente certo poema dele, ou certo poema ou estrofe ou simples verso de poeta às vezes bem chinfrim, valha-me Deus!"

Sobre a poesia como "coisa intraduzível", veja-se na tradição literária, para exemplificar, a mesma opinião já manifestada por Shelley, com grande antecedência, em sua *Defesa da poesia*. Depois de discorrer sobre as relações entre os sons, ou entre os sons e aquilo que eles representam, ou seja, sobre a estrutura orgânica de cada língua, como também de cada poética, Shelley conclui pela "vanidade da tradução". Não há como, para ele, restabelecer a "ordem peculiar" dos sons que dão significado a um poema — e com isso, perdida sua emoção, perdido está seu pensamento. Daí ser esforço inútil querer "transfundir de uma língua para outra as criações de um poeta". Mas Shelley, apesar dessa opinião taxativa, esforçou-se e transfundiu para o inglês diversos trechos de Homero, Virgílio, Calderón, Goethe e Dante, entre outros, deixando ao todo, ao morrer com 30 anos, cerca de duzentas páginas de textos provenientes do grego, latim, francês, alemão, espanhol e italiano.

Conhecida e já muito comentada é a passagem de Cervantes em que Dom Quixote compara a tradução a um tapete pelo avesso: vêem-se fios soltos e embolados, vêem-se os nós da trama, mas não se vê, em sua plena beleza, a imagem que está do lado direito. Tal opinião é dada a um tradutor, num dos capítulos finais do livro, quando Dom Quixote, tendo chegado a Barcelona, passeia à toa pelas ruas e, curioso, adentra uma tipografia e se informa sobre o que ali se faz. Por outro lado, boa parte da história de Dom Quixote é atribuída a um tradutor que o narrador contrata em Toledo, com a ação já em curso, para passar para o castelhano, a pagamento vil e às pressas, um manuscrito árabe, por ele adquirido nessa cidade, que contém os mesmos fatos que estão sendo descritos. O livro então, assim como resulta de outros, os de cavalaria, que tomou por modelo e cita, resolve-se na polifonia de um coro e incorpora outras vozes, entre as quais a da tradução, com a irônica ressalva que será feita no fim, tem lugar destacado.

A tradução de poesia, sujeita a ressalvas de todo tipo por seus próprios praticantes, não obstante é um dos pilares do gênero. Sem saber a língua, Goethe só fez seu livro à moda persa, o *Divã ocidentoriental*, por ter lido o *Divã* de Hafiz na tradução alemã de Hammer-Purgstall. Do mesmo modo, foi a partir de traduções francesas e inglesas que ele escreveu suas imitações do chinês, os poemas de grande simplicidade e tranqüila aceitação da velhice do ciclo intitulado *Estações do ano e horas do dia sino-alemãs*, compostos a cinco anos de sua morte. Como Bandeira e como Shelley, ou como Kenneth Rexroth e Jorge Luis Borges, Goethe aliás foi tradutor de grandes autores, como Voltaire e Diderot. No Romantismo brasileiro, mais de trinta poetas, de Sousândrade a Fagundes Varela, dedicaram-se a traduzir um mesmo e célebre autor, criando suas diferentes versões em português para poemas de Byron — muitas vezes o mesmo.

A Toledo que surge no *Dom Quixote*, grega ou fenícia em sua origem, depois romana, sobreposta a um morrinho que o Tejo abraça por três lados, foi cidade lendária, na Idade Média, quando da presença dos árabes na Península Ibérica, por seus feitos notáveis em tradução. Ali, árabes, judeus e cristãos, vivendo em produtiva harmonia, especializaram-se em passar de uma língua para outra, sobretudo grego, árabe, hebraico, latim e castelhano, valiosíssimos textos de filosofia, medicina, agronomia, astrologia e outras áreas. Por essa porta e nesse entrecruzar de saberes podem ter chegado à Europa materiais literários como as fábulas hindus, que logo penetrariam com seus temas nas literaturas vernáculas em formação. Durante o longo período de apogeu da cidade, os tradutores de Toledo fizeram tantos prodígios, de fato, que se tornou voz corrente, na superstição popular, que eles faziam magia.

Malgrado os poetas terem dito que poesia é "coisa intraduzível", que é esforço inútil querer "transfundir de uma língua para outra", esses poetas traduziram, e bem, e muito, ou então se abasteceram, para leituras e releituras, em traduções feitas por outros. Não são raros os casos em que as traduções de poesia, passando às vezes por gerações de leitores, exerçam boa influência ou até criem novos valores em ambientes da língua de chegada. Foi traduzindo Petrarca, no século XVI, que Thomas Wyatt introduziu o soneto na Inglaterra, onde essa forma foi à plenitude e se arraigou para sempre. Também na Inglaterra, um pouco antes de 1920 e antes portanto da explosão do imagismo, as despojadas traduções do chinês por Arthur Waley, com seus poemas em tom coloquial, impuseram padrões de construção que condenavam à morte, por excesso de afetação e ornamentos, outra já bem degenerada poesia que ainda insistia em ser escrita, apesar do atraso, ao último piscar das luzes vitorianas. Entretanto, em face das negativas de Bandeira e de Shelley, bem como de outros grandes poetas, nada melhor para esquivar-se à contradição que nos deixam do que recorrer à magia e validar seus conceitos. Ao entender os prodígios de Toledo, entenderemos igualmente tais casos, quando um poema traduzido se torna convincente, atinge o leitor e marca a época.

O que logo se nota, num poema que parece bem traduzido, é que os nós de sua trama não estão expostos nem soltos. Já na má tradução, ou melhor, na tradução que não consegue atar os fios, pode-se ler na língua original, vendo-se nela, através dela, a estrutura do texto que lhe serviu de matriz. É quando temos pela frente, sem dúvida, o tapete pelo avesso de que Dom Quixote falou.

Voltemos agora, pelo *Itinerário de Pasárgada*, àquelas afirmações de Bandeira sobre tradução de poesia. "Só traduzo bem os poemas que gostaria de ter feito", diz ele, "os que exprimem coisas que já estavam em mim". Pois então a tradução, dependendo de profunda empatia com o original, antes de tudo é um achado feliz de que o tradutor se apropria. Nesse caso, ou seja, nas livres traduções de um poeta, traduzir é viver o texto lido, sendo acionado por ele a duplicá-lo. E onde está a magia? Na criação de uma escala equivalente, para manter na nova língua as mesmas "relações entre os sons" mencionadas por Shelley. Em Bandeira, o que o "impressionou duradouramente", segundo ele próprio afirma, foi um certo poema, ou estrofe, ou verso, mesmo de um poeta chinfrim, "mais do que a obra em conjunto de um grande poeta". Para o tipo de "tradução vivida" de que ele foi nosso maior cultor, são os encontros casuais que pesam. O texto alheio assimilado, ao penetrar de um modo bem pessoal, ao revelar ao leitor o que ele sente e não sabe, e que assim, sendo agora de dois, já quase se torna um texto informativo da espécie, é estímulo tão forte para induzir ao estado de poesia quanto qualquer clarão ou sombra de circunstância ou fenômeno.

Poesia é coisa intraduzível, mas até certo ponto, já que por artes de magia — e por questão de sentimento partilhado — há quem chegue a fazer do original um clone. Magia, sendo transmissível, supõe-se que dependa de competência técnica, e essa característica de Bandeira, a mais louvada no que é de sua autoria, é a que também mais sobressai nos poemas traduzidos por ele, feitos com a mesma eficiência com que se compôs sua obra: com graça e elegância, com insuperável destreza nos requintes melódicos, com metálica precisão e, ao mesmo tempo, com um ar ingênuo e a mais serena naturalidade.

Ao partilhar do sentimento de que nasce o poema, o poeta-tradutor entra na essência da forma para revalidar sua razão de ser. Percebe na beleza da forma algo que sua própria sensibilidade já desejava plasmar. Se é, por ser tanta a emoção, levado a reproduzi-la, opera depois do alumbramento como qualquer artesão que produz um duplo por cópia. Primeiro tem de desmontar o objeto, peça por peça, para ver como funciona. Certificando-se de como as partes se encaixam, fará depois, em dúvida, muitas tentativas inúteis. Talvez até se desespere e conclua: é, não dá para transfundir, transcriar, transliterar, traduzir. Em todo caso, se ele vencer a indecisão, se enfim nos der a forma nova talhada sobre matriz estrangeira, dar-nos-á a rigor uma outra coisa, um produto que nunca tinha existido.

A distinção é essencial. Há um tipo de tradução didática, que encaminha o leitor para entender o original, dizendo-lhe o que as palavras dizem, e que é pois um texto utilitário, um auxiliar importante para a finalidade em questão. Já a tradução criativa, cuja grande ambição, como a do poema que a inspira, é causar prazer, tem às vezes um compromisso bem frouxo com as palavras nas quais se baseou. Ousa mudar. E, caso se exceda na autonomia que conquista, tomando muitas liberdades, nem por isso, em princípio, será inválida. Seu valor, ou sua ausência de valor, está naquilo que ela cria na sua língua.

É como se o poema traduzido dissesse: "Ama-me por amor do amor somente". Foi com esse verso lapidar, de tanta concisão e ressonância, que Bandeira correspondeu ao verso e meio do inglês *If thou must love me, let it be for naught / Except for love's sake only*, que é como começa um dos quatro sonetos de Elizabeth Barrett Browning traduzidos por ele. O fecho de ouro do soneto, do mesmo modo que seu primeiro verso, é outra das incontáveis passagens de Bandeira que parecem nascidas para figurar como emblemas, tal a simplicidade da forma. "Ama-me por amor do amor, e assim / Me hás de querer por toda a eternidade", está dito aí, em lugar do inglês mais prolixo: *But love me for love's sake, that evermore / Thou mayst love on, through love's eternity*.

Bandeira, no *Itinerário de Pasárgada*, comenta sobre os sonetos em pauta: "O português dessas traduções contrasta singularmente com o dos poemas originais. É que na ginástica da tradução fui aprendendo que para traduzir poesia não se pode abrir mão do tesouro que são a sintaxe e o vocabulário dos clássicos portugueses. Especialmente quando se trata de tradução do inglês ou do alemão. A sintaxe dos clássicos, mais próxima da latina, é muito mais rica, mais ágil, mais matizada do que a moderna, sobretudo a moderna do Brasil". Os originais que ele menciona são os poemas de sua própria autoria incluídos em *Libertinagem*, livro ao qual acrescentou, publicando-os pela primeira vez, três desses quatro sonetos. Assim, por volta de 1930, quando saiu *Libertinagem*, Bandeira não só escrevia alguns de seus poemas modernistas mais estridentes, como "Não sei dançar", "Poética" ou "Pneumotórax"; ao mesmo tempo, embora "farto do lirismo comedido", ele também se deleitava ao se exercitar recriando, na "ginástica da tradução", com mão de mestre e em sintonia com os clássicos, momentos inesquecíveis da lírica de eras já encerradas.

Por mais fiel que seja à moda antiga, por mais que domine seu vocabulário e sintaxe, o tradutor de poemas de outras épocas sempre estará condicionado pelas injunções do presente. Ativo hoje, e ainda que queira parecer meio arcaico, tende a obter um texto mais direto, menos florido e em suma mais contemporâneo do que o encontrado no modelo de ontem. O livro de Elizabeth Barrett Browning onde Bandeira pinçou quatro exemplares, os

Sonnets from the Portuguese, data de 1850. Motivou-os o namoro proibido da autora com seu futuro marido, o também poeta Robert Browning, e eles são pois uma expressão — notável pela segurança das formas — de um amor de mulher insatisfeito. Devem ser associados, quer pelo tema, quer pela época e a procedência, ou ainda pela feição assumida em português, à tradução de "Remember", de Christina Rossetti. A recriação por Bandeira desses cinco sonetos femininos, todos eles já excelentes na fonte, não é só um ponto alto em sua obra total — é também um dos píncaros da tradução no Brasil.

No *Itinerário de Pasárgada*, e com toda modéstia, o poeta porém recorda que a primeira edição de seus *Poemas traduzidos**, de 1945, com ilustrações de Guignard, continha uma advertência explicativa de que "nenhuma necessidade de expressão própria" o levara a fazê-los; que suas traduções tinham apenas surgido "por dever de ofício", como colaboração em jornal, ou por solicitação de um amigo. Desde então, as traduções são publicadas como o autor as previu, sem os textos originais espelhados. É a solução ideal, já que respeita sua decisão. Soubesse

---

*Alguns poemas traduzidos teve como base o título *Poemas traduzidos*, conforme consta na obra completa de Manuel Bandeira, *Poesia e prosa*, publicada pela Editora José Aguilar, em 1958. As edições autônomas, anteriores àquela, haviam sido: 1ª ed., Rio de Janeiro: Revista Acadêmica, 1945; 2ª ed. ampliada, Porto Alegre: Livraria do Globo, 1948; e 3ª ed., Rio de Janeiro: Editora José Olympio, 1956. (*N. da E.*)

ou não Bandeira disso, assim se constituiu pelos anos, com esses trabalhos, um volume de peso em sua obra, com sua marca e as marcas de seu gosto. Os poemas que aí temos, mesmo descendendo de outros, dos quais às vezes podem ser tidos por paráfrases, soam tão belos, tão completos, dotados de uma expressão tão própria, malgrado tudo, que nem compensa lembrar que são metal transfundido, que há um molde por trás. Se quem comenta cede à tentação, limitemo-nos aos sonetos ingleses de Elizabeth e Christina, no cotejo com originais, e isso para realçar-lhes o brilho. Em "Remember", a manutenção do título já é um golpe de mestre. Depois, não será que o tradutor sintetiza, interpreta, insere, se afasta um pouco demais? Talvez. Mas o resultado é fantástico. Leiamos, juntos, tradução e original:

> Recorda-te de mim quando eu embora
> For para o chão silente e desolado;
> Quando não te tiver mais ao meu lado
> E sombra vã chorar por quem me chora.
>
> Quando não mais puderes, hora a hora,
> Falar-me no futuro que hás sonhado,
> Ah de mim te recorda e do passado,
> Delícia do presente por agora.

No entanto, se algum dia me olvidares
E depois te lembrares novamente,
Não chores: que se em meio aos meus pesares.

Um resto houver do afeto que em mim viste,
— Melhor é me esqueceres, mas contente,
Que me lembrares e ficares triste.

Remember me when I am gone away,
Gone far away into the silent land;
When you can no more hold me by the hand,
Nor I half turn to go yet turning stay.
Remember me when no more day by day
You tell me of our future that you planned:
Only remember me; you understand
It will be late to counsel then or pray.
Yet if you should forget me for a while
And afterwards remember, do not grieve:
For if the darkness and corruption leave
A vestige of the thoughts that once I had,
Better by far you should forget and smile
Than that you should remember and be sad.

Manuel Bandeira disse ainda: "Só não fui claro quando não pude — fosse por deficiência ou impropriedade de linguagem, fosse por discrição". Se ele usa a sintaxe dos clássicos, a de *A cinza das horas*, a de sua formação e estréia, em suas traduções, o espírito que já o domina, no período em que passa a traduzir, é contudo o de *Libertinagem*, o da soltura modernista que explode em sua "Poética": "Estou farto do lirismo que pára e vai averiguar no dicionário o cunho vernáculo de um vocábulo". No *Itinerário de Pasárgada*, referindo-se aos poemas que traduziu do inglês, disse ter atuado de um modo intuitivo e que todas as soluções, "por mais cavadas ou sutis que pareçam, devem se ter processado no subconsciente, porque as traduções me saíram quase ao correr do lápis". A naturalidade que delas vem o confirma. Nas traduções, onde se mostra completamente à vontade, como o perito em versificação que era, Manuel Bandeira é o mesmo mestre que está no resto da obra: de sólida formação, mas de espírito aberto. Simples, como se o fosse por requinte. Encantatório. Sempre inovador e ousado.

Leonardo Fróes

Alguns poemas traduzidos

A CRISTO CRUCIFICADO

Autor espanhol não identificado (séc. XVI)

Não me move, meu Deus, para querer-te
O céu que me hás um dia prometido:
E nem me move o inferno tão temido
Para deixar por isso de ofender-te.

Tu me moves, Senhor, move-me o ver-te
Cravado nessa cruz e escarnecido.
Move-me no teu corpo tão ferido
Ver o suor de agonia que ele verte.

Moves-me ao teu amor de tal maneira,
Que a não haver o céu ainda te amara
E a não haver o inferno te temera.

Nada me tens que dar porque te queira;
Que se o que ouso esperar não esperara,
O mesmo que te quero te quisera.

ANELO

Goethe*

Só aos sábios o reveles,
Pois o vulgo zomba logo:
Quero louvar o vivente
Que aspira à morte no fogo.

Na noite — em que te geraram,
Em que geraste — sentiste,
Se calma a luz que alumiava,
Um desconforto bem triste.

Não sofres ficar nas trevas
Onde a sombra se condensa.
E te fascina o desejo
De comunhão mais intensa.

Não te detêm as distâncias,
Ó mariposa! e nas tardes,
Ávida de luz e chama,
Voas para a luz em que ardes.

---
*Johann Wolfgang von Goethe. Frankfurt, Alemanha (1749-1832).

"Morre e transmuda-te": enquanto
Não cumpres esse destino,
És sobre a terra sombria
Qual sombrio peregrino.

Como vem da cana o sumo
Que os paladares adoça,
Flua assim da minha pena,
Flua o amor o quanto possa!

A UM PESCADOR

Salvador Díaz Mirón*

Tua canoa no afã madruga:
No firmamento luz o arrebol;
A água se estende sem uma ruga,
E a vela branca na sua fuga
Furta alguns raios ao novo sol.

Entanto rompes em cantoria,
Que, inculta e pobre, nos faz chorar:
Escuto a ingênua melancolia
Do que, inseguro do pão do dia,
Enfrenta os riscos do incerto mar!

Canta! Medrosa nos seus pesares,
A mulherzinha dirá: Senhor!
Serena as ondas, clareia os ares...
Por estes filhos, guia nos mares
O pobre barco do pescador!

---
*Veracruz, México (1853-1928).

ÚLTIMO INSTANTE

Manuel Gutiérrez Nájera*

Quero morrer ao declinar do dia,
Em alto-mar, quando vem vindo a treva;
Lá me parecerá sonho a agonia,
E a alma uma ave que nos céus se eleva.

Não ouvir nos meus últimos instantes,
A sós com o mar e o céu, humanas mágoas,
Nem mais vozes e preces soluçantes,
Senão o grave retumbar das águas.

Morrer quando, ao crepúsculo, retira
A luz as áureas redes da onda verde,
E ser como esse sol que lento expira:
Algo de luminoso que se perde.

Morrer, e antes que o tempo me destrua
Da mocidade a esplêndida coroa;
Quando inda a vida ouço dizer: sou tua,
Saiba eu embora que nos atraiçoa.

---
*Cidade do México, México (1859-1895).

NOTURNO

José Asunción Silva*

Uma noite,
Uma noite toda cheia de murmúrios, de perfumes e da
[música das asas;
Uma noite,
Em que ardiam na nupcial e úmida sombra das campinas
[as lucíolas fantásticas,
A meu lado lentamente, contra mim cingida toda, muda e
[pálida,
Como se um pressentimento de amarguras infinitas,
Até o fundo mais recôndito das fibras te agitasse,
Pela senda que se perde no horizonte da planície
Caminhavas;
E nos céus
Azulados e profundos esparzia a lua cheia sua claridade
[branca.
Tua sombra,
Fina e lânguida,
E a minha,

---
*Bogotá, Colômbia (1865-1896).

Projetadas pelos raios do luar na areia triste
　Do caminho se juntavam
　　　E eram uma,
　　　E eram uma,
E eram uma sombra única,
　　Uma longa sombra única,
　　　　Uma longa sombra única...

　　　　　Esta noite
　　　　Eu só, a alma
Cheia assim das infinitas amarguras e aflições de
　　　　　　　　[tua morte,
Separado de ti mesma pelo tempo, pelo túmulo e a
　　　　　　　　[distância,
　　　Pela escuridão sem termo
　　　Aonde a nossa voz não chega,
　　　　Silencioso
　　　Pela senda caminhava...
E escutavam-se os ladridos dos cachorros para a lua,
　　　　Lua pálida
　　　　E a coaxada
　　　　Dos batráquios...
Senti frio. O mesmo frio que coaram no meu corpo
Tuas faces e teus seios e teus dedos adorados
　　　Entre as cândidas brancuras
　　　Das cobertas mortuárias.

Era o frio do sepulcro, sopro gélido da morte,
Era o frio atroz do nada.
Minha sombra,
Projetada pelos raios do luar na areia triste,
Solitária,
Solitária,
Pela estepe desolada caminhava.
Foi então que a tua sombra
Ágil e esbelta,
Fina e lânguida,
Como nessa extinta noite da passada primavera,
Noite cheia de murmúrios, de perfumes e da música
[das asas,
Acercou-se e foi com ela,
Acercou-se e foi com ela,
Acercou-se e foi com ela... Oh, as sombras enlaçadas!
Oh, as sombras de dois corpos que se juntam às das
[almas!
Oh, as sombras que se buscam pelas noites de tristezas
[e de lágrimas!

PAZ

Dirk Rafaelsz Camphuysen*

Muita luta aqui lutareis,
Muita cruz e dor sofrereis,
Santos costumes guardareis,
Caminho estreito tomareis
E muita reza rezareis,
Enquanto aqui permaneceis:
Assim, depois, em paz sereis.

---
*Gorinchem, Holanda (1586-1627).

ORAÇÃO

São Francisco de Assis*

Oh Senhor, faze de mim um instrumento da tua paz
Onde há ódio, faze que eu leve Amor;
Onde há ofensa, que eu leve o Perdão;
Onde há discórdia, que eu leve União;
Onde há dúvida, que eu leve a Fé;
Onde há erro, que eu leve a Verdade;
Onde há desespero, que eu leve a Esperança;
Onde há tristeza, que eu leve a Alegria;
Onde há trevas, que eu leve a Luz.

Oh Mestre, faze que eu procure menos
Ser consolado do que consolar;
Ser compreendido do que compreender;
Ser amado do que amar.

    Porquanto
É dando que se recebe;
É perdoando que se é perdoado;
É morrendo que se ressuscita para a Vida Eterna.

---
*Assis, Itália (1181-1226).

UM POEMA

Heine*

Vem, linda peixeirinha,
Trégua aos anzóis e aos remos.
Senta-te aqui comigo,
Mãos dadas conversemos.

Inclina a cabecinha
E não temas assim:
Não te fias do oceano?
Pois fia-te de mim.

Minhalma, como o oceano,
Tem tufões, correntezas,
E muitas lindas pérolas
Jazem nas profundezas.

---

*Heinrich Heine. Düsseldorf, Alemanha (1797-1856).

TORSO ARCAICO DE APOLO

Rilke*

Não sabemos como era a cabeça, que falta,
De pupilas amadurecidas, porém
O torso arde ainda como um candelabro e tem,
Só que meio apagada, a luz do olhar, que salta

E brilha. Se não fosse assim, a curva rara
Do peito não deslumbraria, nem achar
Caminho poderia um sorriso e baixar
Da anca suave ao centro onde o sexo se alteara.

Não fosse assim, seria essa estátua uma mera
Pedra, um desfigurado mármore, e nem já
Resplandecera mais como pele de fera.

Seus limites não transporia desmedida
Como uma estrela; pois ali ponto não há
Que não te mire. Força é mudares de vida.

---
*Rainer Maria Rilke. Praga, Áustria (1875-1926).

CALEFRIO AQUERÔNTICO

LILIENCRON*

Já bica o estorninho a sorva vermelha —
Jubilam violinos nas danças de agosto —
Não tarda que o Outono empunhe a tesoura
E corte uma a uma as folhas dos ramos.
Então se fará no bosque um vazio,
Um rio entre os troncos desnudos virá,
Trazendo à ribeira onde estou o barco
Que me há de levar ao frio silêncio.

---

*Detlev von Liliencron. Kiel, Alemanha (1844-1909).

BALADA DA LINDA MENINA DO BRASIL

Rubén Darío*

Existe um país encantado
No qual as horas são tão belas
Que o tempo desliza calado
Sobre diamantes, sob estrelas.
Odes, cantares ou querelas
Derramam-se pelo ar sutil
Em glória de perpétuo abril.
Pois ali a flor preferida
Do canto é Ana Margarida,
Linda menina do Brasil.

Existe um mágico Eldorado
(E Amor como seu rei lá está)
Onde há a Tijuca e o Corcovado
E onde gorjeia o sabiá.
O tesouro divino dá
Ali mil feitiços e mil
Sonhos; mas nada tão gentil

---
*Metapa, hoje Cidade Darío, Nicarágua (1867-1916).

Como o broto de alva incendida
Que se chama Ana Margarida,
Linda menina do Brasil.

Doce, dourada e primorosa
Infanta de lírico rei,
É uma princesa cor-de-rosa
Que amara Kate Greenaway.
Buscará pela eterna lei
O pássaro azul de Tiltyl?
Eia, oboé, sistro, harpa, anafil:
Que hoje aurora a viver convida
A essa rosa Ana Margarida,
Linda menina do Brasil.

Oferta

Princesa em flor, nada na vida,
Por mais gracioso ou senhoril,
Iguala a esta jóia querida:
A pequena Ana Margarida,
Linda menina do Brasil.

O FATAL

Rubén Darío

Ditoso o vegetal, que é apenas sensitivo,
Ou a pedra dura, esta ainda mais, porque não sente,
Pois não há dor maior do que a dor de ser vivo,
Nem mais fundo pesar que o da vida consciente.
Ser, e não saber nada, e ser sem rumo certo,
E o medo de ter sido, e um futuro terror...
E a inquietação de imaginar a morte perto,
E sofrer pela vida e a sombra, no temor
Do que ignoramos e que apenas suspeitamos,
E a carne a seduzir com seus frescos racimos,
E o túmulo a esperar com seus fúnebres ramos...
E não saber para onde vamos,
Nem saber donde vimos...

TOADA DE NEGROS EM CUBA

García Lorca*

Quando chegar a lua cheia, irei a Santiago de Cuba,
Irei a Santiago.
Num carro de água negra
Irei a Santiago.
Cantarão os tetos de palmeira,
Irei a Santiago.
Quando a palma quer ser cegonha,
Irei a Santiago.
Quando quer ser medusa a bananeira,
Irei a Santiago,
Irei a Santiago.
Com a ruiva cabeça do Fonseca,
Irei a Santiago.
E com a rosa de Romeu e Julieta
Irei a Santiago.
Oh Cuba! Oh ritmo de sementes secas!
Irei a Santiago.
Oh cintura quente e gota de madeira!

---
*Federico García Lorca. Fuente Vaqueros, Espanha (1898-1936).

Irei a Santiago.
Harpa de troncos vivos. Caimão. Flor de tabaco.
Irei a Santiago.
Sempre tenho dito que irei a Santiago
Num carro de água negra.
Irei a Santiago.
Meu coral na treva,
Irei a Santiago.
O mar afogado na areia,
Irei a Santiago.
Calor branco, fruta morta,
Irei a Santiago.
Oh bovino odor de canavieiras!
Oh Cuba! Oh curva de suspiro e barro!
Irei a Santiago.

BALADA DA PRACINHA

García Lorca

Cantam os meninos
na pracinha quieta:
Arroio claro,
fonte serena!

Os meninos
Que tem teu divino
coração de festa?

Eu
Um dobrar de sinos
perdidos na névoa.

Os meninos
Cantando nos deixas
na pracinha quieta.
Arroio claro,
fonte serena!

Que tens em tuas mãos
de primavera?

Eu
Uma rosa de sangue
e uma açucena.

Os meninos
Molha-as na água fresca
da cantiga velha.
Arroio claro,
fonte serena!

Que sentes na boca
vermelha e sedenta?

Eu
O sabor dos ossos
de minha caveira.

Os meninos
Bebe a água tranqüila
da cantiga velha.
Arroio claro,
fonte serena!

Por que vais tão longe
da pracinha quieta?

Eu
Vou em busca de magos
e de princesas!

Os meninos
Quem te ensinou o caminho
dos poetas?

Eu
A fonte e o arroio
da cantiga velha.

Os meninos
E vais muito longe
do mar e de terra?

Eu
Todo se encheu de luzes
meu coração de seda,
e de sinos perdidos,
de lírios e de abelhas,
e irei para bem longe,
além daquelas serras,
irei além dos mares
próximo das estrelas,
para pedir a Cristo
que me devolva aquela
minha alma de menino
impregnada de lendas,
com o gorrinho de plumas
e o sabre de madeira.

Os meninos
Cantando nos deixas
na pracinha quieta.
Arroio claro,
fonte serena!

As pupilas enormes
das árvores frondosas,
feridas pelo vento,
choram as folhas mortas.

UM POEMA DE NATAL

Víctor Londoño*

Desceu sobre os homens a doce paz das alturas,
E num estábulo, berço de pobreza e dor,
Após toda uma noite de maternas torturas
Jesus caiu na terra, débil como uma flor.

A música das coisas alegrou as obscuras
Abóbadas do presepe, e num hino de amor
Adoraram o menino as humildes criaturas:
Um burro com seu bafo, com sua flauta um pastor.

Depois os adivinhos de comarcas remotas
Ofertaram-lhe mirra, e em suas línguas ignotas
Ao pequeno chamaram Príncipe de Salém.

E enquanto no Levante, com revérberos vagos,
Suavemente brilhava a estrela dos Reis Magos,
Os cordeiros olhavam para Jerusalém.

―――――――
*Bogotá, Colômbia (1870-1936).

REDONDILHAS

Juana Inés de la Cruz*

O mal que venho sofrendo
E que em meu peito se lê,
Sei que o sinto, mas por que
O sinto é que não entendo.

Sinto uma grave agonia
No sonhar em que me vejo:
Sonho que nasce em desejo
E acaba em melancolia.

Quando com maior fraqueza
O meu estado deploro,
Sei que estou bem triste, e ignoro
A causa de tal tristeza.

Sinto um desejo nefasto
Pela ocasião a que aspiro;
Mas quando de perto a miro,
Eu mesma é que a mão afasto.

---
*San Miguel de Nepantla, México (1651-1695).

Pois se acaso se oferece,
Depois de tamanho anseio,
Perde o sabor com o receio,
Ou algum susto a desvanece.

Se sem susto me deleito
Em tão rara possessão,
Qualquer ligeira ocasião
Malogra todo proveito.

Penso mal do mesmo bem
Com apreensivo temor
E às vezes o mesmo amor
Me obriga a mostrar desdém.

Qualquer leve ocasião lavra
Em meu peito tão severa,
Que a que impossíveis vencera
Se irrita com uma palavra.

Com causa pouca ofendida,
Costumo, no meu amor,
Negar um leve favor
A quem eu daria a vida.

Já paciente, já irritada,
Vacilo em penar agudo:
Por ele sofrerei tudo,
Tudo; mas com ele, nada.

Ao que pelo objeto amado
Meu coração não se atreve?
Por ele, o pesado é leve:
Sem ele, o leve é pesado.

Sem bastantes fundamentos
Formam meus tristes cuidados
De conceitos enganados
Um monte de sentimentos.

Se porventura essa brava
Máquina rui, com surpresa
Vejo que tal fortaleza
Só num ponto se estribava.

Às vezes é a dor tamanha,
Que presumo, sem razão,
Não haver satisfação
Que possa aplacar-me a sanha.

Quando chego a averiguar
O agravo em que me amofino,
É qual susto de menino,
Que em brinco vai acabar.

Quando o desengano toco,
Luto com o mesmo quebranto
De ver que padeço tanto,
Padecendo por tão pouco.

A vingar-se se abalança
Às vezes a alma ofendida,
E depois, arrependida,
De mim toma outra vingança.

Se ao desdém com desdém pago,
É com tão ambíguo error,
Que, supondo que é rigor,
Vejo-o acabar em afago.

Até o lábio desatento
É equívoco alguma vez,
Para, usando de altivez,
Encontrar o rendimento.

Quando por sonhada culpa
Com mais enfado me incito,
Eis que incrimino o delito
E lhe suscito a desculpa.

Fujo o mal, ou busco o bem?
Não, que em meu confuso ardor,
Nem me tranqüiliza o amor,
Nem me despeita o desdém.

No tormento em que me vejo,
Levada de meu engano,
Busco sempre o desengano,
E não achá-lo desejo.

Se a alguém meu queixume exalo
Mais a dizê-lo me obriga
Para que mo contradiga
Do que para reforçá-lo.

Pois se, com minha paixão,
Daquele que amo maldigo,
É meu maior inimigo
Quem nisso me dá razão.

E se acaso em meu proveito
Deparo a razão submissa,
Embaraça-me a justiça
E vou cedendo o direito.

Nunca é o meu gosto cumprido,
Porquanto, entre alívio e dor,
Encontro culpa no amor
E acho desculpa no olvido.

Este o penar que me apura
Em suspiro após suspiro,
E muito mais não refiro
Porque passa de loucura.

Se acaso me contradigo
Neste meu arrazoado,
Vós que tiverdes amado
Entendereis o que digo.

ACALANTO PARA DEUS MENINO

Juana Inés de la Cruz

Pois meu Deus nasceu para penar,
Deixem-no velar.
Pois está desvelado por mim,
Deixem-no dormir.
Deixem-no velar:
Não há pena em quem ama,
Como não penar.
Deixem-no dormir:
Sono é ensaio da morte
Que um dia há de vir.
Silêncio, que dorme.
Cuidado, que vela.
Não o despertem, não.
Sim, despertem-no, sim.
Deixem-no dormir.
Deixem-no velar.

QUATRO HAICAIS

BASHÔ*

Quatro horas soaram.
Levantei-me nove vezes
Para ver a lua.

*

Fecho a minha porta.
Silencioso vou deitar-me.
Prazer de estar só...

*

A cigarra... Ouvi:
Nada revela em seu canto
Que ela vai morrer.

*

Quimonos secando
Ao sol. Oh aquela manguinha
Da criança morta!

---

*Matsuo Bashô. Tóquio, Japão (1644-1694).

PÔR DE SOL

HÖLDERLIN*

Onde estás? A alma anoitece-me bêbeda
De todas as tuas delícias; um momento
Escutei o sol, amorável adolescente,
Tirar da lira celeste as notas de ouro do seu canto da
                                                   [noite.

Ecoavam ao redor os bosques e as colinas;
Ele no entanto já ia longe, levando a luz
A gentes mais devotas
Que o honram ainda.

---

*Friedrich Hölderlin. Lauffen am Neckar, Alemanha (1770-1843).

O APLAUSO DOS HOMENS

HÖLDERLIN

Não trago o coração mais puro e belo e vivo
Desde que amo? Por que me afeiçoáveis mais
    Quando era altivo e rude,
    Palavroso e vazio?

Ah! só agrada à turba o tumulto das feiras;
Dobra-se humilde o servo ao áspero e violento.
    Só crêem no divino
    Os que o trazem em si.

AS PARCAS

HÖLDERLIN

Mais um verão, mais um outono, ó Parcas,
Para amadurecimento do meu canto
Peço me concedais. Então, saciado
Do doce jogo, o coração me morra.

Não sossegará no Orco a alma que em vida
Não teve a sua parte de divino.
Mas se em meu coração acontecesse
O sagrado, o que importa, o poema, um dia:

Teu silêncio entrarei, mundo das sombras,
Contente, ainda que as notas do meu canto
Não me acompanhem, que uma vez ao menos
Como os deuses vivi, nem mais desejo.

FANTASIA DO CREPÚSCULO

HÖLDERLIN

Descansa o lavrador à sua porta
E vê o fumo do lar subir, contente.
Hospitaleiramente ao caminhante
Acolhem os sinos da aldeia.

Voltam os marinheiros para o porto.
Em longínquas cidades amortece
O ruído dos mercados; na latada
Brilha a mesa para os amigos.

Ai de mim! de trabalho e recompensa
Vivem os homens, alternando alegres
Lazer e esforço: por que só em meu peito
Então nunca dorme este espinho?

No céu da tarde cheira a primavera;
Rosas florescem; sossegado fulge
O mundo das estrelas. Oh! levai-me,
Purpúreas nuvens, e lá em cima

Em luz e ar se me esvaia amor e mágoa!
Mas, do insensato voto afugentado,
Vai-se o encanto; escurece, e, solitário
Como sempre, fico ao relento.

Vem, suave sono! Por demais anseia
O coração; um dia enfim te apagas,
Ó mocidade inquieta e sonhadora!

E chega serena a velhice.

OUTRORA E HOJE

HÖLDERLIN

Meu dia outrora principiava alegre;
No entanto à noite eu chorava. Hoje, mais velho,
Nascem-me em dúvida os dias, mas
Findam sagrada, serenamente.

CANTO DO DESTINO DE HIPERÍON

Hölderlin

No mole chão andais
Do éter, gênios eleitos!
Ares divinos
Roçam-vos leve
Como dedos de artista
As cordas sagradas.

Como adormecidas
Criancinhas, eles
Respiram. Floresce-lhes
Resguardado o espírito
Em casto botão;
E os olhos felizes
Contemplam em paz
A luz que não morre.

Mas, ai! nosso destino
É não descansar.
Míseros os homens
Lá se vão levados

Ao longo dos anos
De hora em hora como
A água, de um penhasco
A outro impelida,
Lá somem levados
Ao desconhecido.

METADE DA VIDA

HÖLDERLIN

Peras amarelas
E rosas silvestres
Da paisagem sobre a
Lagoa.

Ó cisnes graciosos,
Bêbedos de beijos,
Enfiando a cabeça
Na água santa e sóbria!

Ai de mim, aonde, se
É inverno agora, achar as
Flores? e aonde
O calor do sol
E a sombra da terra?
Os muros avultam
Mudos e frios; à fria nortada
Rangem os cata-ventos.

MADURAS ESTÃO

HÖLDERLIN

Maduras estão, em fogo imergidas, cozidas
E na terra provadas as frutas. É força
Que tudo penetrem, à guisa de cobras,
Profeticamente e sonhando nas
Colinas do céu. Muita coisa
Devemos guardar como um fardo
De lenha nos ombros. Entanto
São maus os caminhos. Indóceis

Cavalos, trabalham
Elementos e as velhas
Leis da terra. Ah, e sempre ao
Sem peias vai uma saudade. Contudo
Muito há que guardar. É mister a constância
Mas nós não queremos ver nem
Para diante e nem para trás! só queremos
É que nos embalem da mesma maneira
Que o lago num bote.

LEMBRANÇA

HÖLDERLIN

Sopra o nordeste,
O mais grato dos ventos:
Grato a mim porque é cálido, e aos marujos
Porque promete fácil travessia.
Eia, saúda agora
O formoso Garona
E os jardins de Bordéus!
Lá coleia na íngreme ribeira
A vereda, e no rio
Se despenha o regato; mas acima
Olha o par generoso
De álamos e carvalhos.

Ainda me lembro bem e como
As largas copas curva
O olmedo sobre o moinho.
No pátio há uma figueira.
E nos dias feriados,
Pisando o chão sedoso
Passeiam mulheres morenas

No mês de março
Quando o dia é igual à noite
E nos lentos caminhos
De áureos sonhos pejados
Sopram brisas embaladoras.

Mas estenda-me alguém,
Da escura luz repleto
O aromado copo
Para que eu possa descansar; pois doce
Seria o sono à sombra.
Também não fora bem
Privar-se de mortais
Pensamentos, que bom
É conversar, dizer
O que se sente, ouvir falar de amores,
De coisas passadas.

Porém que é dos amigos? Belarmino
E o companheiro? Muitos
Têm medo de ir à fonte.
É que a riqueza principia
No mar. Ora, eles
Reúnem como pintores
As belezas da terra e não desprezam
A alada guerra não,
Nem desdenham morar anos a fio

Sob o mastro sem folhas, onde à noite
Não há as luminárias da cidade,
Nem dança e música nativa.

Mas hoje aos índios
Foram-se os homens,
Ali, na extremidade
Das montanhas cobertas de vinhas
Donde baixa o Dordonha,
Acaba o rio no Garona
Largo como o Oceano. Todavia
O mar toma e devolve a lembrança.
O amor também demora o olhar debalde.
O que perdura porém, fundam-no os poetas.

QUATRO SONETOS

Elizabeth Barrett Browning*

I

Amo-te quanto em largo, alto e profundo
Minh'alma alcança quando, transportada,
Sente, alongando os olhos deste mundo,
Os fins do Ser, a Graça entressonhada.

Amo-te em cada dia, hora e segundo:
À luz do sol, na noite sossegada.
E é tão pura a paixão de que me inundo
Quanto o pudor dos que não pedem nada.

Amo-te com o doer das velhas penas;
Com sorrisos, com lágrimas de prece,
E a fé da minha infância, ingênua e forte.

Amo-te até nas coisas mais pequenas.
Por toda a vida. E, assim Deus o quisesse,
Ainda mais te amarei depois da morte.

---
*Coxhoe Hall, Inglaterra (1806-1861).

II

As minhas cartas! Todas elas frio,
Mudo e morto papel! No entanto agora
Lendo-as, entre as mãos trêmulas o fio
Da vida eis que retomo hora por hora.

Nesta queria ver-me — era no estio —
Como amiga a seu lado... Nesta implora
Vir e as mãos me tomar... Tão simples! Li-o
E chorei. Nesta diz quanto me adora.

Nesta confiou: sou teu, e empalidece
A tinta no papel, tanto o apertara
Ao meu peito, que todo inda estremece!

Mas uma... Ó meu amor, o que me disse
Não digo. Que bem mal me aproveitara,
Se o que então me disseste eu repetisse...

III

Parte: não te separas! Que jamais
Sairei de tua sombra. Por distante
Que te vás, em meu peito, a cada instante,
Juntos dois corações batem iguais.

Não ficarei mais só. Nem nunca mais
Dona de mim, a mão, quando a levante,
Deixará de sentir o toque amante
Da tua — ao que fugi. Parte: não sais!

Como o vinho, que às uvas donde flui
Deve saber, é quanto faço e quanto
Sonho, que assim também todo te inclui

A ti, amor! minha outra vida, pois
Quando oro a Deus, teu nome ele ouve e o pranto
Em meus olhos são lágrimas de dois.

IV

Ama-me por amor do amor somente.
Não digas: "Amo-a pelo seu olhar,
O seu sorriso, o modo de falar
Honesto e brando. Amo-a porque se sente

Minh'alma em comunhão constantemente
Com a sua". Por que pode mudar
Isso tudo, em si mesmo, ao perpassar
Do tempo, ou para ti unicamente.

Nem me ames pelo pranto que a bondade
De tuas mãos enxuga, pois se em mim
Secar, por teu conforto, esta vontade

De chorar, teu amor pode ter fim!
Ama-me por amor do amor, e assim
Me hás de querer por toda a eternidade.

CANÇÃO

CHRISTINA ROSSETTI*

Em minha sepultura,
Ó meu amor, não plantes
Nem cipreste nem rosas;
Nem tristemente cantes.
Sê como a erva dos túmulos
Que o orvalho umedece.
E se quiseres, lembra-te;
Se quiseres, esquece.

Eu, não verei as sombras
Quando a tarde baixar;
Não ouvirei de noite
O rouxinol cantar.
Sonhando em meu crepúsculo,
Sem sentir, sem sofrer,
Talvez possa lembrar-me,
Talvez possa esquecer.

---
*Londres, Inglaterra (1830-1894).

REMEMBER

Christina Rossetti

Recorda-te de mim quando eu embora
For para o chão silente e desolado;
Quando não te tiver mais ao meu lado
E sombra vã chorar por quem me chora.

Quando não mais puderes, hora a hora,
Falar-me no futuro que hás sonhado,
Ah de mim te recorda e do passado,
Delícia do presente por agora.

No entanto, se algum dia me olvidares
E depois te lembrares novamente,
Não chores: que se em meio aos meus pesares.

Um resto houver do afeto que em mim viste.
— Melhor é me esqueceres, mas contente,
Que me lembrares e ficares triste.

À PORTA DE DEUS

EMILY DICKINSON*

Duas vezes perdi tudo
E foi debaixo da terra.
Duas vezes parei mendiga
À porta de Deus.

Duas vezes os anjos, descendo dos céus,
Reembolsaram-me de minhas provisões.
Ladrão, banqueiro, pai,
Estou pobre mais uma vez!

---

*Amherst, EUA (1830-1886).

BELEZA E VERDADE

Emily Dickinson

Morri pela beleza, mas apenas estava
Acomodada em meu túmulo.
Alguém que morrera pela verdade
Era depositado no carneiro contíguo.

Perguntou-me baixinho o que me matara:
— A beleza, respondi.
— A mim, a verdade — é a mesma coisa,
Somos irmãos.

E assim, como parentes que uma noite se encontram,
Conversamos de jazigo a jazigo,
Até que o musgo alcançou os nossos lábios
E cobriu os nossos nomes.

NUNCA VI UM CAMPO DE URZES

Emily Dickinson

Nunca vi um campo de urzes.
Também nunca vi o mar.
No entanto sei a urze como é,
Posso a onda imaginar.

Nunca estive no Céu,
Nem vi Deus. Todavia
Conheço o sítio como se
Tivesse em mãos um guia.

CEMITÉRIO

Emily Dickinson

Este pó foram damas, cavalheiros,
Rapazes e meninas;
Foi riso, foi espírito e suspiro,
Vestidos, tranças finas.

Este lugar foram jardins que abelhas
E flores alegraram.
Findo o verão, findava o seu destino...
E como estes, passaram.

MINHA VIDA ACABOU DUAS VEZES

Emily Dickinson

Já morri duas vezes, e vivo.
Resta-me ver enfim
Se terceira vez na outra vida
Sofrerei assim

Dor tão funda e desesperada,
O pungir cotidiano e eterno.
Só sabemos do Céu que é adeus,
Basta a saudade como Inferno.

EPÍLOGO

Baudelaire*

De coração contente escalei a montanha,
De onde se vê — prisão, hospital, lupanar,
Inferno, purgatório — a cidade tamanha,

Em que o vício, como uma flor, floresce no ar.
Bem sabes, ó Satã, senhor de minha sina,
Que não vim ter aqui para lagrimejar.

Como o amásio senil de velha concubina,
Vim para me embriagar da meretriz enorme,
Cujo encanto infernal me remoça e fascina.

Quer quando em seus lençóis matinais ela dorme,
Rouca, obscura, pesada, ou quando em rosicleres
E áureos brilhos venais pompeia multiforme,

— Amo-a, a infame capital! Às vezes dais,
Ó prostitutas e facínoras, prazeres
Que nunca há de entender o comum dos mortais.

---
*Charles Baudelaire. Paris, França (1821-1867).

PRESSÁGIO

Adelaide Crapsey*

Agora mesmo
De fora do estranho
Silente crepúsculo... estranho como ele, silente como ele,
Uma mariposa branca esvoaçou. Por que fiquei
Tão fria?

TRÍADE

Adelaide Crapsey

São três
Coisas silenciosas:
A neve que cai... a hora
Antes da alva... a boca de alguém
Que acabou de morrer.

---

*Brooklin, EUA (1878-1914).

TRÊS POEMAS

Verlaine*

I

No ermo da mata o som da trompa ecoa,
Vem expirar embaixo da colina.
E uma dor de orfandade se imagina
Na brisa, que em ladridos erra à toa.

A alma do lobo nessa voz ressoa...
Enche os vales e o céu, baixa à campina,
Numa agonia que à ternura inclina
E que tanto seduz quanto magoa.

Para tornar mais suave esse lamento,
Através do crepúsculo sangrento,
Como linho desfeito a neve cai.

Tão brando é o ar da tarde, que parece
Um suspiro do outono. E a noite desce
Sobre a paisagem lenta que se esvai.

---
*Paul Verlaine. Metz, França (1844-1896).

II

As mãos que foram minhas, mãos
Tão bonitas, mãos tão pequenas,
Após tanto equívoco e penas,
Tantos episódios pagãos,

Após os exílios medonhos,
Ódios, murmurações, torpezas,
Senhoris mais do que as princesas
As caras mãos abrem-me os sonhos.

Mãos no meu sono e na minh'alma,
Pudera eu, ó mãos celestes,
Adivinhar o que dissestes
A est'alma sem pouso nem calma!

Mente-me acaso a visão casta
De espiritual afinidade,
De maternal cumplicidade
E de afeição estreita e vasta?

Caro remorso, dor tão boa,
Sonhos benditos, mãos amadas,
Oh essas mãos, mãos consagradas,
Fazei o gesto que perdoa!

III

Chora em meu coração
Como chove lá fora.
Que desconsolação
Me aperta o coração!

Oh a chuva no telhado
Batendo em doce ruído!
Para as horas de enfado,
Oh a chuva no telhado!

Chora em ti sem razão,
Coração sem coragem.
Se não houve traição,
Teu luto é sem razão.

Certo, é essa a pior dor:
O não saber por que
Sem ódio e sem amor
Há em mim tamanha dor.